AF599786

La luna en el adarve

José Luis Ríos Jorquera

Aliarediciones

Corrección: Eladia Guerrero
Diseño de cubierta: Jaime Galisteo
Maquetación: Aliar Ediciones

Depósito Legal: GR 1510-2024
ISBN: 978-84-10374-90-4

Impreso en España

MIXTO
Papel | Apoyando la silvicultura responsable
FSC® C127630

Edita
ALIAR Ediciones
www.aliarediciones.es
info@aliarediciones.es

La luna en el adarve

José Luis Ríos Jorquera

Noche fría

Volvía de las sombras
cuando hallé tu mano fría,
la precedió tu mirada como daga de fuego,
mano desesperada que busca
bajo mi pantalón el calor del sexo.
Los labios de ambos se volvieron ascuas
prendidos por una saliva tibia.
Hubo fragor de batalla
hasta que las estrellas saltaron en pedazos
y cubrieron la noche de humedad.

Hasta la náusea

Ni taxi ni alma alguna,
calles desiertas con brillo de farolas,
tacones de loca en los adoquines.
La humedad del semen de hacía un rato
se enfriaba a cada paso.
Como si la casa se hubiera ido más lejos.
Luz mortecina en el portal.
Alguien sujeta la puerta, sobresalto.
El vecino del tercero saluda correcto,
como si ambos necesitáramos apoyo
se cruzan nuestros brazos.
¿Subes? En el ascensor nos besamos
con parsimonia, luego con ansia.
Eran sus glúteos tan firmes como parecían,
en el corto trayecto crecieron los bultos
y se oyeron chasquidos de lenguas.
Creí que era yo quien moría de deseo.
Al parecer la noche enderezó el rumbo
y puso firmes nuestros miembros.
Comer y morder hasta el hartazgo,
tragar hasta la náusea.

Buenos días ¿tristeza?

Me despierto con un sol mediterráneo
llenando el cuarto.
No volveré a leer a Françoise Sagan,
llevo su tristeza atravesada en la garganta,
como cuando tragas sin esperarlo
el cañonazo de esperma.
Mi cabeza tiene una orquesta desafinada
dentro. Maldito garrafón.
Cierro los ojos y el firmamento entero
se mueve a ritmo de música disco.
Mi vecino está mejor desnudo que vestido.
Rayando el alba estaba cuando se fue
y al verlo vestirse me pareció un dios,
un Poseidón en bronce gobernando los mares.
Su mástil, adormecido y poderoso a la vez,
brillaba más que el faro de Chipiona.
Entorné los ojos y dejé correr mi baba.
Si fuera culto y refinado diría que estaba transido.
¡Ay, Carlos, Carlos, cuánto tiempo perdido,
viviendo como vivimos en el mismo bloque!

Mañana de domingo

El agua de la ducha entona mis músculos.
Adoro el perreo que se extiende
las mañanas de domingo.
Un gato que va de un sillón a otro
con el rabo enhiesto.
Saldré a tomar el aperitivo,
el camarero de La Cebada
hace tiempo que me devuelve la mirada.
Tiene un polvo. Puede que hasta dos.
Hoy le tiro los tejos definitivamente,
me dejaré querer
salvo que se cruce algo en la partida.
Me gusta pensar que soy un depredador
y mis salidas son partidas de caza.
Horrible metáfora, odio la matanza.
Debería escribir un diario.
Diario de un maricón con principios.
Principios a las finas hierbas.
Salvo que me enamore, para follar
solo quiero material de primera calidad.
Creo que me lo merezco.
Como me diga que sí lo espero
y compartiremos las tres eses:
saliva, sudor y semen. Sí, estoy seguro,
este cae o caigo yo, a ver cómo respira.

A ver cómo me mira.
Me enloquece jugar a reinona condescendiente,
hoy, domingo, dejaré que disfrutes
este cuerpo serrano e inagotable,
que babees sobre él como si no tuvieras
otra cosa que hacer en esta ciudad canalla,
como si no hubiera un mañana.

Mismo día

Un vaho con olor a manzana
y un punto de canela
ha empañado los cristales de la cocina.
Jorge Juan quiere una infusión;
sí, ya lo sé, tiene nombre de calle de Madrid,
demasiado nombre para un camarero,
aunque depende de lo que le mires.
Recostado en el sofá, como si se hubiera criado
entre los mullidos cojines.
Me gusta observarlo confiado, feliz, diría.
Al final han sido dos, me encanta la versatilidad
en el sexo, en la vida, que no es más que sexo.
Al menos mientras viva el deseo
y esa quemazón por dentro que nadie detiene
es como una grulla que vuelve todos los años.
En mi caso y de momento todos los días.
El de nombre compuesto de calle de barrio pijo
está como una centolla,
duro, muy duro por fuera y jugoso por dentro,
muy jugoso, con el punto justo de sal.
Me sabe la boca a marisco, la tarde es larga
y hay cava fresquito en la nevera...
Cualquiera sabe lo que puede pasar
de aquí a las tantas, lo que Dios quiera.

La realidad te golpea en la cara

A veces acabo el fin de semana
con dolores por todo el cuerpo,
es lo que tiene ser insaciable,
no tener hartura.
Caer como la mosca en la miel,
entregarme por entero a la calentura.
No dejar ni un charco sin pisar
y si alguno queda vuelvo para pisarlo.
No lo digo para pavonear,
como no diría para presumir
que mi cuerpo entero está para mirarlo
y si lo miras te gusta, sí puedo decir
que si hay trato te dejo que lo disfrutes,
siempre que me des la parte alícuota.
Parezco un interesado, será que lo soy,
nadie da nada por nada y yo menos,
si me vas a comer la boca, por no decir la polla,
quiero mi porcentaje.
Aprendí a ser corsario de jovencito.
Yo también comía las uvas de tres en tres
y cuando el ciego quiso golpearme
lo esquivé con destreza, nadie como él
mamaba en mi razón, de entonces
me viene el gusto y el aprendizaje.

Decía que el lunes la bandada de pájaros
que te nubló la vista echa a volar
y solo queda un regusto amargo
en boca y entretelas del que cuesta despegarse.
O me desprendo de la dicotomía gozo-desdén
o me dará algo. Empiezo a sentirme mal.

Me gusta follar y punto

Yo salgo, ahora que estoy en paro
tengo todo el día para buscar carne.
Me gusta el *cruising*, en los jardines,
si hace frío en el Corte Inglés o así.
Las mañanas son la hostia,
hay cada pibe desocupado que flipas.
Menudos cuerpos.
Como hice el bachillerato de arte
los imagino desnudos delante de mí
y yo dibujando esos cuerpazos.
Consigo casi a diario que algunos caigan.
No me gustan las loquitas ni las musculocas,
tienes que tocarlas con guantes
y a mí me gusta el sobeteo salvaje.
Lo mejor es tenerlo claro,
que sepas, chaval, que te voy a poner
mirando para Cuenca. A saco
y a pelo, siempre a pelo, tiene sus riesgos
pero de momento no he pillado nada.
La gente de ahora se cuida
y no es lo mismo libre que enfundado
en una goma represora.
Puedes poner mi nombre, ahora
que nada más que sé dónde vives.
Me llamo Felipe, ¿lo has puesto?,
y me gusta follar y punto.

Te digo otra cosa, raro es el día
que no pillo, se ha debido correr la voz
y tendrías que verlos arrodillados
mamando como corderillos hambrientos.

Cosquilleo

A la misma hora entro cada día a tomar un vermut,
es la taberna de siempre,
a la que empezó a traerme mi padre
cuando él estimó que tenía la edad.
Edad para tomar vermut con las personas mayores,
para aguantar las primeras bromas
sobre el comienzo también de buscar a una chica
y empezar una relación.
Es muy vergonzoso, decían.
Ya tendrá tiempo, dejad al muchacho.
Y en eso quedaba el abordaje al sexo
o al amor con proyección de futuro.
De aquella época viene el cosquilleo
que me sube desde los testículos
cuando el señor Cosme me mira de soslayo
y clava su mirada en lo más profundo de la mía.
Han pasado muchos años. Yo era un niño.
Y aunque no supiera definirlo
en aquellas miradas había algo más
que simpatía, complicidad, amistad.
No sabía el qué, pero el cosquilleo subía y subía.
El señor Cosme era ya un hombre hecho y derecho.
Solo miraba, de cuando en cuando un guiño,
una mueca remangando la comisura de la boca.
Nada más. No me llegó a tocar, ni un roce.
Pero los dos sabíamos que había algo más.

Algo que se mantuvo a lo largo del tiempo,
por eso vuelvo todos los días.
Cosme y yo nos miramos, incluso hablamos,
nunca de esto, pero ambos sabemos
que un cosquilleo eléctrico nos recorre el cuerpo.
Desde entonces, no me extraña que fuera
un Domingo de Ramos porque había palmas,
desde entonces nos miramos en silencio.

La fiebre, el sudor

Éramos vecinos, él algo mayor que yo
y supe que estaba postrado en la cama
por alguna calentura desconocida, inoportuna.
Fui a verlo, era costumbre visitar al enfermo.
Una sábana blanca cubría su cuerpo sudoroso,
yo sentado en el borde decía tontunas
sin dejar de mirarlo, con sus piernas inquietas
formaba montañas o llanuras, de un lado a otro.
Me pareció que abultaba más de lo esperado
su atributo sexual, él se dio cuenta.
¿Quieres verla? Preguntó sin ambages.
Yo no lo esperaba y afirmé con la cabeza.
Se quitó la sábana y mostró aquella verga
como no hubiera imaginado que existiera.
Grande, gorda, larga, todo lo que me faltaba
y en lo más oculto anhelaba lo tenía delante.
¡Tócala, no tengas miedo! Dijo mientras la ofrecía,
y yo obediente acerqué mi mano y agarré
aquel tesoro, no he vuelto a ver nada igual.
¡Acaríciala! ¡Así, con suavidad! ¡Eso es!
No hay prisa. Estamos solos, acaricia.
Verás cómo se pone de dura y de grande.
Juega con ella, siempre supe que te gustaría.
Obedecí sin rechistar, hasta acercar la boca.

Aprendí más tarde que aquella fue
mi primera mamada, que se llamaba así,
los dos quedamos silenciosamente satisfechos.
Una semana más tarde, tras muchas repeticiones
y un profundo aprendizaje, mi vecino, pobre,
tuvo un accidente mortal, una desgracia.
Me gustaría olvidarlo, pero no puedo,
y eso que han pasado más de veinte años.

Tarde ventosa

Tendríamos que poseer la capacidad
de plegarnos como caracoles
en lo más profundo de nuestro caparazón
cuando los elementos externos son adversos.
Aquella tarde ventosa,
inhóspita como los bajos del viaducto,
yo me habría encerrado y tirado la llave.
Pero no fue así, quedé a la intemperie,
expuesto a los vaivenes del viento,
a merced de cualquier desaprensivo.
No fue uno, fueron cuatro.
Me golpearon. Abusaron con saña
de mi cuerpo. Creo que pasaron los cuatro
por mi entrada secreta y oculta.
Aprendí que el dolor gratuito no enseña,
solo humilla, y si es en tarde ventosa
mucho más, mucho peor, no genera dolor,
genera odio, rabia, deseo de venganza
que no llegará porque todo se lo acaba llevando
el viento frío y racheado que deja las calles
deshabitadas, propicias para violar a un muchacho.

Sus ojos

Brillaban como zafiros sus ojos
en la mañana gris, lluviosa,
de acera llena de gentes presurosas
y ruido de autobuses,
motores de gasoil, frenazos.
A saber por qué se cruzaron nuestras miradas,
pero se cruzaron
y desde ese instante se buscaron
una y otra vez, y otra, y otra, y otra,
hasta que saltó la primera sonrisa
como una fiera al acecho,
una fiera que buscaba sexo
en la caótica acera de la avenida.
Costaron las primeras palabras,
para entonces las sonrisas eran ya viejas amigas.
Vinieron luego las conversaciones
sobre la orientación sexual, ni él ni yo
andábamos sobrados de conocimientos,
y llegaron los besos, las caricias,
los abrazos apretados para sentirnos enteros.
Y vinieron los cuerpos desnudos
y las manos ávidas para explorar los cuerpos.
Y poco a poco nació el amor,
sin esperarlo, sinuoso como un gato
se adentró en la casa, se pavoneó por los muebles,
los cojines, la cama. Arañó con indecencia

nuestra piel enamorada. Se recreó en el deseo,
hasta que un día huyó como había llegado.
Cada mañana de lluvia sueño con recuperar
sus ojos, con mirarme en sus ojos, pero no está.

La palmadita en el culo

Entraba siempre detrás de mí,
eran aquellos tiempos en que las aulas
estaban cargadas de alumnos y humo de tabaco,
y en la puerta, antes de buscar sitio,
me daba una palmadita en el culo.
«Luego nos vemos». Porque la clase
era un ejercicio de aplicación y aprendizaje.
Yo no le daba importancia a aquella palmadita,
quién no ha dado una palmadita en el culo
al compañero, al amigo. En los deportes
es habitual, sobre todo en los de equipo.
Palmaditas por aquí, palmaditas por allá,
reconozco que hay culos que las merecen,
yo incluso repetiría. Pasó el tiempo,
nos separamos acabada la carrera, nos perdimos,
cada uno buscó su futuro en lugares diferentes.
Mi vida ha conocido muchos equipos,
relaciones, noviazgos, no estoy de vuelta
pero tampoco he sido un monje cartujo.
Y hace apenas unos días, entraba yo en el metro
y alguien me dio una palmadita en el culo,
me volví, sonreímos y nos comimos la boca.
El destino nos había puesto frente a frente
después de todo. Y ahí seguimos. Juntos.

Esperé a que la luna ocupase la plaza

Hacía calor. Como hace las noches de verano,
sobre todo del mes de julio.
Él ponía copas en un local de moda,
es decir, en un bar de barrio
al que a la gente le da por ir para sudar junta,
o para protegerse de la flama de las calles
con el aire acondicionado a tope.
Él con sus rizos rubios se exhibía tras la barra,
tenía un aspecto duro pese a la delgadez,
una mezcla entre chico fibrado y estudiante
de los que aspiran a cambiar el mundo.
Tuve que esperar horas con sus respectivas copas
a que el muchacho se fijase en mí
y acabase la jornada. Eso es amor o deseo.
Sabía que lo estaba esperando, que no bebía por beber.
Y salimos, los últimos borrachuzos
y el personal del local, era tarde pero no refrescaba.
Las aceras recién regadas desprendían vapor
como si debajo hubieran encendido el gas.
En la plazuela de al lado, algún pertinaz cervecero
apuraba su litro entre chupada y chupada
a un canuto generoso. Me senté en el respaldo de un banco
para seguir esperando. Apareció mi Romeo y sus rizos
justo cuando la luna se hacía dueña de la plaza.
Lo abordé, me abordó, nos abordamos,
la historia contó luego que yo ataqué por la espalda.

Fuera como fuera, yo ataqué y aspiré con fuerza,
olía a sudor pero no apestaba, olor que trasmina.
Caminamos despacio, ronroneando como gatos
en la quietud de la noche hasta llegar a su casa.
La luna se había ido Manzanares abajo
a confundir a la colonia de las gaviotas del río.
Poco nos importó,
seguimos follando hasta que el cielo se hizo azul
y el sueño nos venció sin estrépito.

Nunca es tarde

Solían quedar en aquel café decadente,
se sentaban en veladores enfrentados
para mirarse entre sorbo y sorbo del con leche humeante.
Entre bocado y bocado del cruasán relleno
de jamón y queso.
Que se gustaban era evidente, lo sabía
hasta el lotero y el de los cupones,
pero no se hablaban, se sonreían
y se miraban hasta derretirse el uno al otro.
Al terminar el desayuno, pulcros y educados
se decían adiós sin decirlo y cada uno a lo suyo.
Un día, el que parecía mayor, dejó de acudir
a la cita sin cita. Y así varios días. ¡Qué desasosiego!
Otra mañana el camarero lenguaraz,
sabiendo que golpeaba donde podía doler,
contó que aquel cliente había vuelto al pueblo
a aceptar una herencia y que no volvería.
El enamorado remiso pero pertinaz
salió y compró a la gitana de la esquina
un ramo de lirios morados, volvió a entrar
y los dejó sobre el velador del que había sido
su amante en secreto, o eso creyó siempre él.

Jesús del alma mía

Jesús compraba todos los días
su periódico y su cajetilla de tabaco.
Alto, rubio, de pecho abombado
como palomo buchón, firme, robusto.
El intercambio de saludos y miradas
con el dependiente fue siempre amigable,
correcto, cálido. Miradas que se dilataban
como mermelada en rebanada de pan tostado.
Pero aquel día, entre nubes y claros, Jesús
decidió dar un paso más y citó al muchacho.
Quedaron, se vieron y compartieron cervezas.
Y poco a poco confidencias, intenciones,
proposiciones con vistas a algo más.
Al parecer los dos se gustaban desde tiempo atrás.
Como no eran tiempos de matrimonio igualitario
los maricones se juntaban y vivían juntos
sin artilugios, sin ceremonias, sin compromisos.
Jesús y Juan Luis hicieron eso. Dicen que acomodados
se los ve felices, adoptaron dos niños autistas,
cuando la tensión crece y la paciencia se ausenta
Juan Luis exclama: ¡Jesús del alma mía!
Y la vida recobra su rumbo, se los ve confiados.

Roces en el bus

Los buses son esos vehículos
que hacen un recorrido fijo,
con paradas fijas, con frenazos fijos,
que igual que se llenan se vacían
mientras la vida sube y baja en cada parada.
Me gustan cuando van llenos,
cuando los roces son inevitables,
sobre todo los de paquetes inquietos
con culos generosos,
o de paquetes frente a frente.
Lo mejor es el acuerdo tácito.
Tú te arrimas, yo me dejo o yo empujo
o viceversa, pero siempre serios,
conformes pero serios, disfrutando
el minuto prohibido, sensual, secreto.
Más de un roce fue el inicio
de algo con mayor envergadura,
no los conozco que acabaran en boda,
pero a veces son tan intensos que al sentir
el roce disparar el mecanismo de la erección
uno quisiera que el trayecto no terminara,
casi siempre llega un frenazo salvaje, es la vida.

Serrano

De repente estábamos los dos
mirando el mismo traje en una tienda cara,
uno de esos comercios del barrio de Salamanca
en los que hasta respirar es más caro.
El traje merecía la pena.
Azul lapislázuli, seda salvaje
y algún calificativo más que no recuerdo.
Vittorio y yo nos miramos,
porque aquel guapazo grandullón
era italiano y grande, muy grande,
pero ahí estábamos,
admirados por la elegancia del traje
y boquiabiertos por el precio,
o viceversa.
Uno de los dos preguntó: ¿Te gusta?
Por si hubiera sido él yo le contesté:
Sí, pero tú más. Él sonrió
y su sonrisa iluminó la calle (que ya hay que tener
una sonrisa amplia y brillante para iluminar
la pulcra acera de Serrano).
¿Damos un paseo? Quién podría negarse,
esto lo debí pensar, mas lo cierto
es que sin darnos cuenta estábamos andando
el uno junto al otro como vacas en pradera,
sin prisa, sin rumbo, rumiando frases entrecortadas,
palabras sinuosas e insinuantes, procacidades

de baja intensidad, todavía,
porque la conversación fue subiendo de tono.
Como una Salomé cualquiera quitándose velos.
Comprobé que su sonrisa era más ancha
que la Castellana,
más dulce, más habitable.
Hablaba muy bien este idioma nuestro,
el oral y el gestual, no tardé mucho en comprobar
que no era lo único que dominaba.
Fue un romance de un día, pero intenso,
con olor a perfumes caros y abrazos de oso.

En la gasolinera

Apretaba el calor en la llanura,
cruzar la planicie árida y polvorienta
era una empresa para conquistadores.
Mi coche no llevaba aire acondicionado,
se había estropeado unos días antes.
Me detuve en aquella gasolinera solitaria,
repostar, refrescarme, agua para continuar.
Entré a los aseos y el operario me siguió,
no lo había advertido, se puso a mi derecha
y antes de decir «agua va» ya me estaba mostrando
la otra manguera.
Hacía ostentación del enorme cacharro
que llevaba entre las piernas. Más de veinte, seguro.
Una manguera en toda regla.
Él la exhibía y yo no podía dejar de mirarla.
¿Quieres? Yo seguía paralizado. ¿No te animas?
Nunca me gustaron los sitios tan sórdidos,
ni me gustan. No contaré lo que aconteció,
salí del local y arranqué mi coche.
No recuerdo haber pagado la gasolina.

Decepción

Yo solía subir por la calle Mayor
desde Bailén.
Casi siempre a la altura de Capitanía
me cruzaba con aquel militar
pulcro, elegante, si no te dan repelús
las estrellas, insignias, cordones,
esas cosas con las que los militares se visten
que la más de las veces parecen vacas feriadas.
Este no.
Guapo como un arcángel san Miguel
lanceando a Satanás.
Creo que hasta me ruborizaba al mirarlo,
porque nos cruzábamos y lo miraba con descaro.
Un día descubrí que me devolvía la mirada,
fue un momento terriblemente caliente,
saltaron chispas, la acera ardía, o eso me pareció.
Desde ese instante, cuando se producía el cruce,
ya nos mirábamos con una crátera de deseo llena.
Llegaron las sonrisas, los roces, los tropiezos...
¡Perdón! ¡No ha sido nada! ¡Voy con la cabeza embotada!
Lo esperé en el café que hay no muy lejos.
Repitiendo el ritual, paso corto, volver la cabeza,
invitando con la mirada antes de entrar en el local.
Los días pasaban sin respuesta. Hasta aquella mañana.
Nos saludamos dentro como viejos conocidos.

Y comenzó un cortejo de maricas que disimulan
pero en cuyas palabras hay fuego y el deseo
se desborda por todos los poros de la piel.
Las manos, aun metidas en los bolsillos,
escrutan formas, rincones, atributos,
los labios tiemblan como siempre antes del primer beso.
Yo estoy casado, me dice, ¿tú vives solo?
Eran los primeros impedimentos, yo vivía entonces
en casa de la tía Julia, octogenaria y moderna
pero no tanto como para prestar su casa
a dos amantes desesperados que iban a llenarla de ruidos
y semen, jadeos y bocados, chupetones y besos.
Hubo que buscar otras praderas donde tenderse.
En Madrid no es difícil. La primera vez
nos comimos literalmente. Ardíamos como ninots
en una plaza de sábanas blancas,
decoración escueta y bien cuidada,
una de esas habitaciones en las que el silencio
entra por la ventana, incluso el canto de los pájaros.
Los encuentros se repitieron, como los roces
en la acera de Capitanía, hasta que una tarde
mi ardiente soldadito de plomo me sacó una fusta.
Me disculpé, nunca me ha gustado que me azoten,
salí del c

Padre Roberto

Siempre estuve seducido
por el padre Roberto,
aquello era mutuo, no me quitaba el ojo de encima,
yo era tan joven que me dejaba querer,
era un sentimiento tan excitante,
tan confortable. En mi casa solo había
borracheras y golpes, tuve que sobrevivir.
Él me daba todo lo que no tenía,
algún capricho, cariño
y con el paso del tiempo caricias.
Mentiría si dijera que no me gustaba.
Con él descubrí lo que significa correrse
y el obsequio de un sexo adulto
siempre presto y siempre generoso.
El padre Roberto era un tío guapo,
supongo que se hizo sacerdote
para no afrontar su condición homosexual,
nunca lo hablamos, porque cuando ya tenía edad,
yo, no él, ya lo trasladaron y a mí me empalagaba
tanta blandura en la cama. Porque aquella relación
se hizo blanda con el tiempo
y a mí me empezaba a interesar algo más fuerte.
A él lo mandaron a otra diócesis,
a mí la vida me puso a putear todo lo que pude.
Recuerdo al padre Roberto, pero no lo extraño.
Recuerdo un olor muy especial a sacristía.

Desorden en el cuarto

Revueltas y arrugadas las sábanas
después de una noche de sexo desbocado.
Me gusta ese olor entre dulzón y acre
que queda en la cama
tras los polvos salvajes.
¿Has visto que ya no soy el mismo?
Empiezan a aflorar las limitaciones,
no es preocupante todavía,
pero la erección no es lo que era,
entiendo tu silencio como una caricia
que han traído el cariño y los años.
Años que nos han ido amasando a su antojo.
Que han ido deformando los cuerpos,
poniendo más en un lado, quitando en otro.
Antes de recoger el cuarto
abro de par en par la ventana,
no para que el aire se lleve los olores
sino para hacerlo partícipe.
No está sobrado el mundo de abrazos,
de cuerpos que en el principio de la fatiga
se siguen acariciando, piel con piel, desnudos,
que reconocen la seda en las rosas
que trajeron y marchitaron los años.
Voy, voy a recoger el cuarto.

Perdido en el bosque

En la tarde quieta,
casi inmóvil, me gusta recorrer sin prisas
el poblado bosque de tu pecho.
Dejar que mis dedos recorran
valles y colinas, los promontorios hirsutos
de tus pezones. La tranquila y sosegada
campiña poblada de flores.
Los minutos pasan sin quejidos,
recostándose entre tu piel y las yemas
de mis perezosos dedos,
los espanto cual luciérnagas,
mientras mis labios buscan refugio
en tu boca callada.
Se resiste la noche fuera
aunque poco a poco avanza.
Yo sigo con la sinfonía abierta en tu pecho,
mis dedos ahora ávidos, ansiosos,
deciden marcharse a otras latitudes.
Más al sur que la risa
busco y encuentro tu sexo dormido,
hasta que descubren tu deseo y el mío
que no es hora de sueños y los dos despiertan
en las dulces batallas de sudor, incruenta
guerra de salobre pérdida, de final abierto,
de sabores recios, de disparos silbantes,
de dardos con veneno vivificantes.

El muchacho

Lucía su sonrisa
como medallista olímpico
su oro, su plata, su bronce.
Él sabía que a nadie dejaba indiferente.
No eran aljófares sus dientes,
eran dientes de perfecta blancura,
por eso su sonrisa
enmarcada en unos labios carnosos
pero en la medida justa
llamaba la atención allá donde fuera.
Allá donde acudiera.
Porque había sitios a los que iba
para adornar el ambiente,
tenía la peculiar apostura
de realzar las fiestas con su presencia.
Llegaba con un disfraz de modestia
y altanería indisimulada
y en un instante era la luz,
la estrella de la fiesta glamurosa,
indiscutible, inalcanzable.
Tenía para ellas y ellos, sin rubor.
Hasta que una mañana hallaron su cuerpo
roto como cristal, desangrado.
Tal vez entró en un huerto que no debía,
nunca llegó a saberse. Nadie lo recuerda
en la eterna feria de las vanidades.
Algunos lo lloramos como al juguete perdido.

Acariciar tu nuca

Cuando acaricio tu nuca,
en esa parte entre la caja del entendimiento
y el arranque de la jaula costillar
donde se aloja el corazón,
siento un extraño cosquilleo.
Mis dedos se agilizan en tu nuca.
Soñaba anoche el poema mientras te acariciaba
y vengo a la orilla de la mañana
y solo tengo una barca destrozada.
Se han perdido las metáforas.
Estoy ante un erial abrupto, impracticable,
un terreno sin gracia, sin cuidado.
Persiste la imagen viva del cosquilleo,
la tapada cama donde creció el deseo.
La abultada sombra de un pene erecto.
No sabré nunca si fue el diluvio
o la tormenta de arena quien sepultó todo.
Pero heme aquí, abotargado, confuso,
hasta la indicación que conduce a tu nuca
me falta y no ha hecho más que empezar el día.

Frente al altar

Quise cerciorarme de que dabas el paso
sin recelos, convencido, seguro...
Sabiendo yo, como sabía, que no era
más que una puesta en escena,
que aquella ceremonia tenía los pies de barro.
Pero tú debías mantener las apariencias,
todavía en tu círculo estaba mal visto
que amaras a un hombre, que suspiraras
por las caricias de un hombre, que bebieras
su sudor, su semen, su sangre si falta hiciera.
Creciste en los envoltorios del oropel,
en las volutas de raso para recoger los rizos,
en los zapatos lustrados por los sirvientes,
en las clases de hípica, en la esgrima.
Estabas llamado a dirigir un imperio,
yo venía de un imperio roto, deshecho.
Mientras tú mirabas desde arriba
yo me entretenía pateando las piedras del camino.
Nunca supe quién nos puso frente a frente
aquella mañana gris y lluviosa, hacía frío
y fuimos a guarecernos al mismo café.
Para ti pidieron una taza de chocolate humeante,
yo disimulaba yendo de un rincón a otro.
Al cruzar por tu mesa nos miramos.
Nunca me habían mirado así, nunca
había mirado con tanta intensidad.

Ambos quedamos suspensos del brillo de los ojos,
los tuyos y los míos. Dolorido, confuso,
abandoné el local y esperé bajo una marquesina,
ni la humedad ni el viento me iban a vencer.
Te seguí hasta la parada de taxis, subisteis
tu lacayo y tú, pero hubo tiempo para otra mirada.
Nos costó encontrar el espacio para la siguiente cita,
al final la hubo. Timidez, cobardía, inseguridad,
era más que evidente que los dos ardíamos por dentro.
Y buscamos la forma y lugares de vernos otras veces.
Poco a poco, el caudal de los besos se fue haciendo
más abundante. Juntos aprendimos a explorar
la selva virgen de nuestros cuerpos, a sucumbir al fuego,
a alimentar el deseo a cada paso, a cada momento.
Crecimos nosotros y crecieron los encuentros.
Aunque bien sabido, seguía siendo un secreto,
a mí no me importaba y a ti te venía perfecto.
Por eso necesitaba, esta tarde, mirarte a la cara,
verte bajar la mirada entre el temblor de la farsa.
Lo he visto, me has visto, nos han visto,
solo no se entera el que no quiere ver nada.

Tendidos en la hierba

Se ha dejado la tarde mecer
por una brisa entre cálida y húmeda,
no llega a garúa, pero casi.
Espero bajo el álamo temblón
a que llegues con el paso tranquilo,
te tiendas a mi lado, apoyes
un codo como el Doncel de Sigüenza
y me leas al oído después del primer beso
la magia de las jarchas, el oleaje
sereno de las cantigas de Alfonso décimo,
sentir la seda de tu voz entrar
hasta lo más profundo del corazón.
Para ebrios de deseo más tarde
retorcernos en la hierba cálida y húmeda,
como nutrias en su primer encuentro.
Recoger los pedazos del frenético asalto.
Correr hasta el lecho para recomponerlo
o para hacerlo añicos con labios y dientes,
con sudor compartido, con sexos encabritados.

Desolación

Hay días que salgo sin rumbo,
a callejear en busca de la luna,
o del tesoro escondido del pirata.
No elijo los bares por la pinta,
me guío más por la clientela,
si el conjunto es amorfo, indefinido,
entro en busca de la joya
que a buen seguro se esconde
entre el oleaje, bajo las algas.
Entré una noche en uno de Cava Baja,
sin esperanza, y mira por dónde
ahí estaba. Con una cerveza en la mano,
como Apolo dejándose adorar
por unas muchachas y un ganso.
Lo reconozco, hice por que me viera,
por saber yo si entendía, que tenía pocas dudas,
y para que supiera de mi interés
por su persona. Pensado y hecho.
Flechazo sangrante al más puro estilo
santa Teresa, ojo, como la vio Bernini.
El ángel y la lanza y ella transida.
En ese instante yo era la santa
y empezaba a sentir la grandeza
de aquel hermoso ejemplar
que alzó su vaso para brindar por mí.

Supongo que advirtió cómo me derretía
porque yo advertí cómo alzaba el puño
como los tenistas al conseguir un punto.
Salí del local dejándome ver,
ni dos minutos tardó en seguirme,
antes de acabar un suspiro largo
ya sentí su aliento en mi oreja.
¿Vives por la zona? Moví la cabeza.
¿Me invitas a tu casa? Volví a moverla.
Juanelo está a un paso, o a noventa.
Cerré el balcón que dejé entreabierto
para ventilar el cuarto, puse el radiador,
había refrescado, abrí unas cervezas.
Era en apariencia el propio Bernini
o su ángel armado con su lanza de oro,
no supe su nombre, pero no olvidaré
su lanza ni la coraza de su pecho.
Me rompió el alma, además, al no verlo
en mi cama por la mañana.
Ni ese día pese a buscarlo, ni esa semana,
empecé a pensar que lo había soñado,
pero mi cuerpo sabe que aquella noche
no pudo ser un sueño, tenía la marca
en mis sábanas, tardé varios días en hacer la cama.

Caos en la mesa tras la cena

Al levantarme no había más que restos
de la comida de ayer, del café, de las copas.
El cenicero hasta arriba, con lo mal que huele.
La cabeza embotada. Resacón de fortuna y canutos.
Odio los vinos con aguja. Esas vulgares burbujas
que después de horas se ponen de punta
y te clavan las sienes como los entomólogos
sus bichos. Los vinos deben reposar,
no ir de locas como las locas en el Orgullo.
Al final cedí a la encelada de Alberto.
Desde que nos conocimos en la oficina
le caí en gracia y empezó el acoso.
Hasta Clara me ha dicho mil veces:
¡tíratelo ya y te dejará en paz, total,
seguro que eres aburrido en la cama!
Follo mal, pero no soy aburrido,
¿y si se me pega como una lapa?
Organiza una cena, lo hartas, te lo tiras
y a otra cosa, mariposa, ¿entiendes?
No contestes, es una pregunta retórica.
Me lo pensé tres minutos. Alberto,
¿te apetece cenar en mi casa?
Se le abrieron los ojos como semáforos
cambiantes en la madrugada.
¡Esta noche, a las nueve, no tienes que traer nada!
(Trajo flores, el maricón, tiene buen gusto).

Con lo que había en la nevera pergeñé la cena
y por fin pude acabar el puto vino de aguja
que dormía el sueño de los justos al fresco.
Cenamos, bebimos hasta el hastío, fumamos.
Y como pueden imaginar follamos.
Alberto es peor que yo en la cama, ¡horror!
Así tengo yo la cabeza, el único alivio
es que salió temprano, tenía que sacar a la perrita,
¡qué mono, tiene perrita, ya, ya lo sabía!
Algún día tendré que comprarle algún juguete
por haberme librado de su pesado amo.
Me pongo a recoger, este cuarto da asco.

En la playa

Amaneció el día enmarañado,
el mar, casi siempre azul y plano,
se puso su traje de domingo guerrero,
gris, muy gris, gris marengo.
Cuando el mar se viste de plomo
no hay quien le tosa, y dicen
que es corriente en el norte,
en el Cantábrico, en el Atlántico,
pero este mar de levante,
tan apacible, tan cálido, no suele,
o será que para mí siempre fue azul.
Me armé de lo imprescindible,
una toalla y un bronceador protector,
y me fui a la calita que hay pasado Varadero.
No es gran cosa, pero es donde se arremolinan
todos los tíos guapos de la zona,
de hecho la llaman la playa de los maricones.
Yo siempre que voy pillo.
Será por la edad, la pancita plana todavía,
las primeras canas en mis ondas capilares.
Y porque dicen que tengo pico de oro,
puede ser, lo que sí sé es que no me huele
el aliento, y los sobacos lo justo para los friquis.
No pienso presumir, aunque podría.

A la caída de la tarde, saliendo del agua
me dicen que estoy para un repaso,
si el atrevido me gusta le contesto «vamos».
Buscamos algún sitio tranquilo
tras las rocas y empieza el baile.
Reconozco que me gustan todos los ritmos,
todos los sones, todas las salsas,
con el sol a punto de ser tragado por el mar
o con la hora violeta del anochecer.
No tengo reparos, música y bailo,
y a veces hasta sin música,
siempre hay alguien que te gana,
que posee la llave del encantamiento
y en ese momento
lo mejor es dejarse llevar, arriba o abajo.
Me cuesta la misma vida los lunes
volver a la rutina. Si el trabajo fuera voluntario
yo sería de la legión que se queda sentada,
aunque en invierno, sin playa, es más difícil
no hacer nada.
Quiero decir, que aquel domingo no hubo chispa.
Nada de nada, el plomizo mar me abofeteó la cara.

Amargura

Se fue yendo la noche mansamente,
comenzaba a colarse
por las bocacalles el primer resplandor
del día.
El aire cortaba el aliento.
Ante mi soledad se abría un domingo
tedioso,
uno de esos días vacíos
que te traen todos los fracasos
desde que tienes uso de razón.
Que no sé qué significa.
Porque lo que sí tengo es memoria.
Imágenes guardadas por orden de daño,
retratos de afrentas, de humillaciones,
de golpes, de escupitajos.
¡Maricón de mierda!
Cuando llegó la primera tarde dulce,
la primera sensación plácida y caliente
de una caricia, tenía ya diecisiete años,
más o menos.
Un espejismo que voló pronto a Barcelona.
Fueron años jodidos.
Para herir, para romper la estima,
para machacar al mariquita no había
ni ley ni uso que lo prohibiera.

¿Por qué me vienen estos recuerdos
las mañanas de domingo?
Aligero el paso, el frío se me ha colado
en los huesos y voy a coger algo.

Desnudo

Hoy no tengo ganas de romance.
No persigo una mirada cómplice.
Ya te conozco.
Te he visto mil veces subir y bajar
por Mesón de Paredes.
Hoy solo me apetece echarte mano.
Aferrarme a tus hombros,
a tus pectorales, a esos cachetes
firmes como montañas de tu culo redondo.
A ese paquete prominente que luces
y que imagino cada vez que nos cruzamos.
Debes de tener un cacharro
para perder no el sentido, sino los cinco sentidos.
Te juro, como me llamo Carlos, que lo conseguiré,
que más pronto que tarde serás mío.
O yo seré tuyo, que en estos casos
no me importa ser esclavo.
Explorar en la llanura de una cama revuelta
los miles de recodos
con que puede regalarme un cuerpo como el tuyo.
Te imagino cruzando selvas y desiertos,
haciendo más fuerte esa anatomía
privilegiada en formas, en músculo,
en belleza. Resistiendo la adversidad
hasta llegar a mi puerta para amarnos
como fieras en celo, como humanos

voluptuosos, como hombres salvajes
en esta jungla de asfalto.
Para follar hasta caer exhaustos.
Para rendir la plaza ante tu arquitectura de ébano.

Otra vez el fracaso

Corrí la cortina
para que la luz abriera el cuarto de par en par.
Me había levantado decidido
a darme un gusto por mi cumpleaños.
Ochenta y dos.
Estoy bien. Me apaño yo solo.
Sin atreverme a pronunciarlo lo pienso,
hoy me doy el gusto de una mamada.
No sé si me apetece más
hacerla yo o que me la hagan.
En ambos casos tendré que pagarla,
no soy tan ingenuo.
Pero no me importa, la pensión me llega.
Los muchachos de enfrente son maricones,
muy educados, pero maricones.
Voy a llamar a su puerta, les hablaré claro
y que salga el sol por Antequera.
Me acabo de duchar.
Me he echado colonia, afeitado de ayer
cualquiera diría que no tengo ochenta y dos.
Me acerco. Toco a la puerta. Me abre el más bajo.
Le hablo clarito, me cuesta un esfuerzo terrible,
él mira conmiserativo y me dice que estoy confundido.
Me cierra la puerta y se me apaga el mundo.

Me vuelvo a mi casa. Seguiré mi vida
como si nada hubiera pasado. Serán los días iguales,
nadie va a saber nunca que llevo setenta años
deseando que un hombre deshaga mi cama.
Solo el vecino, pero este mariquita no dirá nada.

Juguetes

Ha sido una noche de tormento,
me deshacía de una pesadilla
y comenzaba otra,
saltaba en la cama, me volvía a dormir
y a los pocos minutos nueva pesadilla.
La respiración agitada,
sudor frío, pegajoso.
Tenía que hacer algo o iba a morir
de tanto sobresalto.
Me armé de valor, de crema lubricante
y de mi amigo, el que nunca me falla,
mi dildo.
Los malos sueños huyeron despavoridos,
mi amigo no tenía hartura
y yo le conté todos mis problemas;
ni rechistar, nos entendimos a la primera,
como siempre,
de haberlo sabido lo hubiera metido en mi cama
cuando me acosté después de cenarme unos callos,
no hay nada más leal que un buen amigo.
La madrugada fue un dulce sueño
en una playa tropical, húmeda y calentita.

Regates

Qué mala sombra tiene la vida,
te pasas los días esperando
a que entre en tu casa y la vivifique,
la ponga patas arriba,
y antes de darte cuenta ya te ha hecho un caño.
Te ha colado la pelota por entre las piernas
y te quedas, claro, con cara de pasmado.
Esa oportunidad para ti ya ha pasado,
recoge tu baba de bobo y mira al futuro.
Es lo que me pasó con el vecino.
Un hombre campechano, educado,
de maneras correctas, de perfume caro,
del que nos gusta a los gais,
pero algunos no llegamos,
simulando ser lo que yo sabía que no era,
heterosexual. Machirulo impostado.
Desde el día que coincidimos en el ascensor
jugaba a la seducción entre machos,
fue apenas un roce ¿involuntario?
Lo suficiente para entablar la partida,
para buscar los choques, los encontronazos,
alguna palmadita prolongada en los glúteos
para compartir sonrisas picaronas, clandestinas.
Y en ese regatear por el campo de juego
llegó la hora. Loli, su santa esposa,
se ausentó por problemas familiares.

Me invitó a su casa, que siempre me pregunté
por qué no al contrario, y cuando el encuentro
empezaba a subir de tensión calórica
llaman a la puerta, mi vecino abre, ¡oh, sorpresa!
Un tío de alquiler, un *escort* de impresión.
No me gustan los tríos, en los tríos siempre sobra uno,
mi querido vecino quería vernos en acción.
Ahí es cuando me quedé con cara de bobo,
aquello no era un caño, era un gol por la escuadra.
Él sabía que a mí no me gustaba.
Ahora cuando nos vemos lo condeno
con el látigo de la indiferencia. Lo pasa mal, lo sé.

Los primeros pasos

Cuando los días eran blancos
como la leche tibia del desayuno
y te mandaban a la escuela
bien alimentado, recién peinado,
con los ojos soltando chispas
tan temprano.
No recuerdo la edad, no puedo recordarlo,
pero es esa edad en que los huesos
todavía son blandos.
Pedrito el barquero, su padre tenía un barco,
y yo éramos inseparables.
Juntos a todas partes,
no solo a la escuela, al río, a los cañaverales,
a los primeros escarceos en la plaza
donde el bullicio era intenso.
Un día Pedrito, escondidos ambos
tras las casetas de los Arenales,
detrás del varadero,
me dijo que me enseñaría una cosa nueva.
Se abrió la bragueta y sacó su churrita,
era más grande que la mía a simple vista,
me animó a seguirle, me enseñó el meneo
que había que hacer con la mano abrazada
a nuestro tierno colgajo. La primera gayola.

Él ya era experto y me ayudó con la cola,
de repente algo que subió desde lo más profundo
explotó como un volcán, como grano de maíz
en las ascuas. Unas gotas blanquecinas
brotaron con fuerza, hubiera preguntado
qué era esa llovida, pero el placer era tanto
que no supe articular palabra, recuerdo
sin embargo que de mi boca escapó la baba.
Así fue como Pedrito el barquero
entre juegos y arena me enseñó el trabajo
de buscarse dentro al Espíritu Santo.

Naranjas amargas

Tienen las hojas del naranjo
un verde omeya tan intenso
que parecen esmeraldas talladas,
y entre la fronda las naranjas locas.
Fueron azahar con blancura y perfume
y ahora son planetas de topacio llenas.
De sol de media tarde,
de color de ámbar con perla de miel.
Naranjas locas de sabor amargo
para convertirse en mermelada untuosa,
con su punto de azúcar y canela.
Viene Maribel con sanguinas agrias,
sangre de toro jugo frambuesa,
que al dulce confite añadirá picante,
chispa de euforia, ácido pellizco
a la calma almibarada de las naranjas locas.
Dice Mercedes que la piel bien picada
da cuerpo a la jalea glucosa.
Clementina misteriosa, naranja fuerte
que iluminas la mesa, rosicler del desayuno.
Ellas no me comparan, no me etiquetan,
me enseñan sus saberes de mermeladas,
suben al cielo, dan una vuelta y luego bajan.

Garantía

Puse mi mano sobre su nuca,
acariciando suavemente su cabello,
recién cortado, sedoso.
A él pareció agradarle la caricia
y encorvó la espalda como un gato.
Mi mano fue una redera en un mar calmo.
La brisa iba y venía, el visillo ondulaba
la complacencia de la tarde
y yo no podía por menos que acariciar
su cuerpo de felino confiado.
Mi red fue atrapando una legión de estrellas
brillantes como peces plateados.
Los poros de su piel se erizaban
y saltaba como gotas de rocío su sudor.
Eran sus pezones puntas de diamante,
su sexo volcán alto amenazante,
a punto de romper en erupción.
Desde allí arriba el mar dormía
sin muestra alguna de tormenta,
calma y fulgor la ancha explanada
líquida, garantía de fuego, cuerpos ardientes
en el cuarto pensado para el amor.

Aquella tarde sonó Vivaldi

Las nubes grises y bajas
incrementaban el ambiente lóbrego
y decadente del viejo café.
Tarde, cielo, alma, todo nublado,
todo plomo en el espacio mortecino,
también la soledad hundía sus cascos
en la blandura de mi ánimo.
El hilo musical esparcía piezas
sin gracia, monótonas baladas
con olor a rancio. De repente
la voz de un contralto cruzó la sala
y miré en mi móvil qué era aquella maravilla.
Orliński, contratenor, *Vedrò con mio diletto*,
de un tal Antonio Vivaldi,
el de *Las cuatro estaciones* pensé,
y pegué mis cinco sentidos a aquella voz.
Fue como si el cielo se abriera,
como si una cohorte celestial
viniera en mi auxilio a poseerme.
Era capaz de sentir el roce de sus plumas,
la seda de sus labios hechos besos,
sus miembros entrando en mi cuerpo
y sembrando estrellas y luceros.
No recuerdo lo que duró el prodigio,
pero esa tarde fui poseído.

Una mano firme zarandeó mi hombro:
Señor, vamos a cerrar.
No contaré la vergüenza en el rostro
cuando sentí mi entrepierna mojada.

Amores de verbena

Me encantan las verbenas,
su música ruidosa,
sus cervezas calientes,
el garrafón de sus copas.
Me encantan las verbenas
a unos treinta y cinco grados.
En Madrid hay cientos de estos saraos.
No diré en cuál porque no lo recuerdo
pero fue una noche
de calor y miseria, con menos futuro
que un vendedor de abanicos en el Polo.
Me acerqué a uno de los puestos,
ya picaba el hambre, y allí estaba él
más solo que yo. Todo lamentable.
Igual de penoso. Lo de siempre,
miraditas, más miraditas, remoloneo
haciendo tiempo, dando pie
al primer *hola*. Sonrisitas, disimulo,
las primeras palabras,
caminar hacia ninguna parte
con leves roces en el bamboleo.
Mira, hay un banco libre.
¿Tú eres del barrio?
No. Siempre me han hablado bien
de esta verbena, y me he dejado caer.
Pues yo lo mismo.

Bueno, ahora hay un motivo.
¿Un motivo para qué?
No sé, para disfrutar de la fiesta.
¿Te apetece una copa?, la cerveza está caliente.
Vamos a echarla.
No fue una fueron varias, demasiadas.
¿Dónde me llevas?
A mi casa. Me has caído bien.
Espera. ¿A qué hay que esperar?
No sé, deberíamos saber qué nos gusta.
Pues todo, qué nos va a gustar.
Ya lo iremos viendo sobre la marcha.
Te invito a unos tiritos, y ya mañana...
Venga, tira, llévame a tu casa.
Es confortable tu *keli*.
Es donde paso muchas horas,
mejor que resulte cómoda.
¿Quieres una copa antes de acostarnos?
Vamos.
¿A qué te dedicas? ¿No serás artista?
No me hagas reír, soy un puto maestro,
¿por qué lo del arte?
No lo sé, todo tan colocado, tan elegante...
Siempre hago limpieza
antes de traer a nadie.
¡Ah, que sabías que ibas a traer a alguien!
Claro. Aquí estás, ¿no te parece?
Anda, vamos, te invito a mi catre.

La madrugada se alargó en disertaciones
sin sustancia. Incluso en la cama.
Con la misma frialdad,
con la misma desgana.
De pronto la casa me pareció fea,
una extraña mañana.
No tenía café, solo manzanillas y tés.
Y algo que no he dicho:
éramos los dos pasivos. Muy pasivos.
La próxima vez en lugar de verbena
me cuelo en la misa de la Almudena.
El cura me pone, esa cinturita bajo la casulla,
esos hombros anchos, esa miradita
cuando nos cruzamos por la Latina.

Admirado movimiento

Desde muy infante, muy chico
como se dice entre mi gente,
he desarrollado la capacidad
de observar la vida admirado
ante el movimiento de unos brazos
que se mueven y laboran
sin ser conscientes de su magia.
Miembros firmes, poderosos,
que bailan en su función con gracia.
Tal vez fueron mis carencias
las que me empujaron a observar.
Tampoco haré cuerpo de análisis
sobre el origen, la intensidad, la sal
que sazona el deseo crudo.
Pero no puedo dejar de mirarte,
de gustar en silencio la armonía
de tu cuerpo fibroso y elástico,
de entornar mis ojos ante la luz
que tu movilidad desprende.
Callaré el rumor de mi sangre
en ebullición ante la pirueta
de tu salto de ciervo renacido.
Guardaré bajo llave el deleite
que tu gesto provoca.

Nadie sabrá jamás que caí herido
ante la inocencia de tu movimiento
cuando cruzó en vuelo rasante
por mi ladera de sotobosque.
Perdido y solo en la confusión
del día a día, de la labor obligada.
Salgo a mi balcón
para cantar cual jilguero en mayo,
mas no canto, me recato
mientras pasan las horas descarnadas.

Dulce melancolía

Pasaban por mi puerta hombres
de distintas hechuras, distintas raleas,
malencarados, sucios, andrajosos.
La mayoría se reían de mí.
Mira la princesita, loca...
Tengo yo un hijo así y se lo echo a los perros.
¡Adiós, maricona!
Yo no les hacía caso,
recibía resignado aquellos dardos en el corazón
y guardaba silencio,
peinaba mis cabellos negros, ondulados.
Procuraba no llorar
sobre todo si estaba mi madre trasteando,
lavando, cocinando, llorando;
porque ella sí lloraba.
Los hombres eran pobres,
venían de la almazara o de la harinera.
Pobres y crueles. Con la maldad que genera
la miseria. Ortigas en el jardín.
Yo era apenas un niño.
Unos soltaban risotadas
como truenos de tormenta negra,
como barrenos en la cantera,
otros bajaban la cabeza
para mirar al suelo. Los pobres

nunca tuvimos cielo, solo en verano,
solo azul, inalcanzable siempre.
Como pasan las nubes, pasaron los años.
La adolescencia primero, la juventud más tarde,
acentuaron mi belleza.
Ahora tengo un cielo de cerezos en flor,
le di a mi madre una vejez tranquila
y tranquilamente nos dijo adiós.
En su cara, como en la mía,
podía leerse un trazo de melancolía,
pese a que por fin florecieron los cerezos.

Olor a melocotones

Las manos cuarteadas,
el sol, el agua, la tierra, el aire,
resecan la piel, la queman.
Sus manos grandes y ásperas
se volvían tiernas en la caricia,
en la busca presurosa de mi bragueta.
Iban raudas a mi sexo
y con su fuerza contenida abrazaba
como si sopesara la madurez del fruto.
Besaba dulce.
Olía a melocotones maduros.
Mordía suave mis labios, mi cuello,
mi pecho ardiente.
Sentía el empuje de su miembro
bajo los pantalones de popelina,
nunca tanto fuego fue tan sedoso,
cuanto más ardían nuestros cuerpos
mayor era la sensación de humedad,
de masaje cremoso sobre la piel
hasta que explotaban nuestros penes erectos
y entre ambos creábamos una sementera
a la sombra de aquel caqui frondoso.

Detalles de la vida oculta

Trabajo de ocho a tres
todos los días de la semana,
los domingos descanso.
Mi vida es normal dentro de lo anodino,
no hago *puenting* ni grandes travesías,
lo más atrevido un paseo en bicicleta.
Comparto ratos de cervezas con los amigos,
algún partido de fútbol,
reconozco que las apreturas me ponen nervioso,
me excitan. Nadie lo sabe, ni los colegas.
También mi vida sexual es anodina,
casi cuarenta años y sin pareja,
ni fija ni ocasional, nada de nada,
el sexo siempre en solitario,
a veces busco aventuras en chat de gais,
cibersexo lo llaman, ese es mi campo.
Suelo ser machomorboso, y me entran
y me ofrecen sexo o me lo piden,
nos calentamos con lenguaje procaz, soez,
nos pajeamos, chao, chao y hasta otra.
Durante la semana soy formal.
Pero el lunes pasó algo que me atormenta,
exagero, me intranquiliza un poco.
Mi jefe, señor Campos, me sorprendió mirándolo
y no noté repulsa, sino al revés.

Visita mi mesa con más frecuencia,
siempre correcto, sabe guardar las formas.
Pero temo que cruce la raya y me invite a una copa,
temblores me entran, aunque me gustaría,
y llevarlo al partido cualquier domingo
y abrazarnos en los goles como dos camaradas.

Sueños que no llegan

Hubiera querido que aquella tarde
el mago de la lámpara
te trajera a mi casa.
Que pintara de oro la sala
como cuando vuela el polen del olivo
por encima de los campos de jaras.
Que el bizcocho estuviera esponjoso
como el borracho en su molde,
como la tarta de crema pastelera.
Esponjoso y con sabor a ciruela,
o de cualquier fruta confitada
bañada en chocolate negro.
Te hubiera dedicado mil caricias
mientras compartíamos la merienda.
Hubiera besado tu boca entre golosina
y golosina, pellizcado tus pezones
al compás de la miel sobre la hojuela,
sin dolor, con festones de ternura.
Era el deseo tan ancho como la luna
cuando redonda y entera pavonea en las murallas.
Recrear la languidez de aquellos amantes
que velaban la noche y lloraban el día,
de los poetas que cantaron al junco moreno
que con vino les ofrecía ambrosía.
La gloria del amor udrí entre varones
antes de la batalla, en su fragor, en su guerra.

Hubiera querido que aquella tarde
olvidaras las obligaciones familiares
y corrieras a mi casa, a mi vera, a mi locura.
Ni los genios existen, ni los hados madrinos,
la rendición a la evidencia que se impone,
ni aquella tarde ni nunca fuiste mío,
por eso buscamos otro mar, otro camino.

No todo fue llanto

Vengo a este jardín de cuerpos yertos
donde los cipreses apuntan al cielo,
intentando dar sentido a la nada,
para depositar unas flores en tu tumba.
Ya sé de lo estéril de este ejercicio,
de la insistencia en la idea de las flores,
que tú afirmabas una y otra vez que en vida,
pero es mi forma de recordarte,
de sentir el perdido bamboleo de mi tiempo
junto a ti, lo que fue oro, lo que tuvo pulso.
Ya no lloro, el silencio se adueña de mis ojos
para mirar fijamente al vacío de la muerte.
Y cuanto más resisto más faroles se encienden,
escenas vividas como epopeyas de lo cotidiano
contadas y cantadas por un poeta homérico,
y no fueron tal, mas tú las hiciste sublimes,
conseguías que mi cuerpo entero se elevase
como un vilano a merced del viento.
También por eso es más duro el filo,
más cortante, más frío, en el que ando
entre lo real y el pesado sueño brumoso
sin distinguir el uno del otro.
Déjame que pinte con el brillo de las flores
la sombra de la tierra que te abraza,
que reviva al menos en el recuerdo
la firmeza de tu cuerpo bronceado,

la elegancia de tus gestos, de tus manos,
la ternura de los besos regalados
en cada poro, en cada valle de mi piel.
No, no todo fue llanto, amado mío,
por eso te traigo estos lirios, aquellos
que tanto te gustaban en el jarrón blanco.

Lo que ya no me gusta

Me moría por entrar en tu cuerpo
y por sentirte dentro,
pero ya no me gusta,
no me gusta el revuelo que se lía
cuando el alcohol anda de por medio.
Ya no me despiertas deseo,
te miro como algo pasado que un día
arribó a mi puerto.
Qué lejos los temblores, los escalofríos
al chocar nuestros cuerpos.
Qué lejos los detalles cálidos
mientras el sexo era fuego completo,
hoguera de san Juan en la playa
para saltos y proyectos.
Ya no me gustas.
Me cansé de tus formas, tus preceptos,
siempre he ido por libre,
sin complejos,
lo tuyo ha sido más serio, más correcto.
A mí nunca me fueron las normas,
las pautas, los remilgados comportamientos.
Me molestan tus andares.
Tus manos en movimiento.
Todo en ti ahora es feo,
mejor le ponemos cerco a este combate
agotado, harto de besos,

de rutinarios ademanes,
no me gusta ni tu sexo,
una veladura amorfa recorre todo tu cuerpo.
Perdona, perdona que use un wasap
para decirte, no, gracias, ya no te quiero.

Dolor con gusto

Casi podía sentir la asfixia,
me faltaba el aire,
la correa apretaba en exceso.
No rechisté.
Comencé a sentir placer
con aquella humillación.
En mi cabeza se mezclaban
ideas y principios sin orden.
Como esos puestos de mercadillo
en los que las piezas de ropa se mezclan
sin que pueda lucir ninguna.
Me siguió aplicando golpes
como si estuviera practicando boxeo.
Seguí sin rechistar.
Me rebelé cuando intentó que bebiera
su orina.
Siempre he odiado los fluidos corporales.
Ni la saliva de otro acepto en mi boca.
Se me revuelven las tripas
y la ira se me dispara como un colt 45 sin seguro.
Me zafé de aquella correa opresora
y le di bofetadas hasta en el DNI.
Por las buenas soy muy sumiso.
Por las malas me convierto en Hulk
aunque parezca increíble.

Me vestí mientras le propinaba patadas,
intentó defenderse, pero el huracán
que lo zarandeaba era más fuerte.
Lo dejé tirado en el suelo como un guiñapo.
Salí de su casa dispuesto a tomar una copa,
la tarde era de color pastel, esas tardes
entre brillantes y turbias de Madrid.

Memento del colorín en la rama

El jilguero, entre gorjeo y gorjeo,
picotea el dulzor de las semillas del cardo,
ligero como una mariposa,
con su madroño en la cabeza,
el amarillo y negro de las alas,
luce más que un pavo real con la cola abierta.
A los jilgueros, a los colorines, les gustan
el alpiste y el trigo, pero también el arroz.
Tú siempre fuiste un colorín.
Me lo dijiste más de una vez
cuando dejábamos apagarse la tarde
para apurar copas y copas de vino
envueltos en el manto azul noche de las estrellas.
Aquellas que contábamos
entre la parsimonia de tus manos y las mías
recorriendo nuestros cuerpos, el tuyo y el mío.
Yo soy un colorín, decías, no, tú decías jilguero,
era yo el que te coronaba como colorín en celo.
Y las horas se estiraban como el chicle,
y los labios y la lengua buscaban El Dorado
del uno y del otro, en el otro y en el uno
apurando la gota que brota
cuando ya no se le espera.
Durmiendo en soplos, en instantes levísimos
rozados por nubes de algodón.

Soñando que éramos dos pájaros cantores,
jilgueros o colorines ¿qué más da?
El caso era cantar hasta que rayara el día.
El caso era seguir amándonos sin prisa.

Pregón de fiestas

Como si hiciera falta pregonar
que el cuerpo quiere fiesta.
Que el cuerpo arde como la tea
cuando lo miran con deseo
y se acercan decididos a sobarlo.
Como si hiciera falta pregonar
que su mirada azul me robó el alma,
que me temblaron las piernas
como a un niño expuesto a la nieve.
Que se oía desde fuera el crepitar
de las llamas de deseo en mis entrañas.
Que corría espalda abajo
un reguero de sudor que quemaba.
Como si hiciera falta pregonar
que los primeros besos fueron dinamita,
que chocaban labios, lengua y dientes
en una pasión desenfrenada.
Que me volví a estremecer
cuando acaricié su entrepierna.
No hace falta pregonarlo.
Como no hace falta pregonar
que el deseo nubla los sentidos
y desboca los caballos de la carne.

Los años vividos

Me pide el poeta que cuente mi vida,
como si tuviera importancia.
Le sugiero que mejor le cuento
el estado en que me encuentro.
Empiezo por la edad, ochenta y cinco,
voy más despacio a los sitios.
Lo que al poeta interesa se puede leer
en cualquier manual de historia,
me tragué la dictadura entera,
no fue fácil ser maricón en la noria.
Recibí por todos lados, creo que lo dije,
y es por eso que prefiero contar mis sueños,
que pese a los años aún los tengo.
Es verdad que fui un joven calavera,
un adulto inmaduro y caprichoso,
y heme aquí de viejo, mayor que dicen
los que sienten pavor por llegar a este estado.
Me metí de todo a lo largo de los años,
menos caballo, nunca me gustaron las agujas.
Tuve amantes de un día y de un siglo,
a todos despaché con gusto, no a todos.
Pero no pienso hablar de amores
que lo pienso y me duelen los ijares.
Las ijadas, que el corazón está en forma
con sus remiendos. Todavía aguanta.

Lo que me perdió siempre y me pierde
es el deseo. Soy a mi pesar un viejo verde.
Me siguen gustando los muchachos en flor,
los que huelen a limpio, a sudor de un día,
a perfumes exquisitos, porque es el olor
el único sentido no extraviado en el camino,
los demás los fui perdiendo, pero el olfato
me sigue manteniendo en pie el deseo,
no me quema como antes, lo reconozco,
que no me quema y que sigue agazapado
en lo más profundo de mi cuerpo arrugado.
Verlos tendidos al sol en una playa
con sus cuerpos fibrosos y bronceados.
Procuro guardar la compostura, eso sí.
He procurado siempre no ser patético,
detesto parecer un edificio que cae con estrépito.
Prefiero ser la imagen del fruto que se arruga
tendido en el secadero, deshidratada la pulpa,
potenciado el dulzor de corazón y esencia
de la pasa. Conseguir que el buen mozo
prodigue la caricia con el anciano vicioso.
Y por esperar espero que la muerte me sorprenda
luego de una buena siesta acompañado,
si la forma no les gusta, no es mi culpa,
yo le conté mi historia vital al poeta,
lo correcto, lo bien dicho, lo cursi
ha corrido de su cuenta, solo a él respecta.

No es sencillo ser octogenario y coherente,
sonreír cuando descubres un gesto cómplice
y ocultar la sonrisa que puede perturbar
a los pazguatos, a los que no saben a qué sabe
un polvazo con un tío que pilota su nave.

Fruta escarchada

Los trozos de fruta escarchada,
ámbar, verdes y rojos
que adornaban el roscón
iban de su boca a la mía
entre sorbos de cava,
un brut seco bien frío,
íbamos ya por la segunda botella,
incansables e insaciables,
devorando la tarde a besos,
con la fruta, con el roscón, con el cava.
Entre escarcha y escarcha
una mano que se pierde por lo íntimo.
Unos labios carnosos, los tuyos,
y unos labios lascivos, ardientes, los míos.
¿O fue al revés? ¡Qué más da!
Cuando dos hombres se aman
y enloquecen con las caricias
poco importa si la cima es para subir
o es para bajar, se anda y se disfruta,
se coloniza, un desnudo a otro
y otro a uno, sin parar, sin prisas.
He recordado cien, mil veces,
aquella tarde de Reyes, el mejor regalo
tu presencia, tu complacencia,
el ancho y dorado mar de las horas.

Han pasado los años y sigo enredado
en tu piel, en el vello rizado de tu pubis,
en la carnosa boca que me cantaba,
que me besaba como si no hubiera más vida.
Sigo atrapado por la seda de tus muslos,
por el ahogado gemido del orgasmo.

Antes de la batalla

Se mastica la duda, el temor,
la incertidumbre ante la batalla.
La noche se ha cubierto de una capa
de niebla y misterio.
No hay estrellas, solo humedad y silencio.
Glauco duerme bajo el vellocino
confiado y seguro de que los dioses
están de nuestra parte.
Yo no las tengo todas conmigo
y me tiendo junto a él,
pegados su cuerpo y el mío.
Siento su calor y el vigor de varón
siempre dispuesto.
En más de una ocasión hemos compartido
lecho y caricias, nunca antes de la batalla.
Glauco tiene una fisonomía de héroe,
cuello fornido, hombros poderosos,
pectorales prominentes,
glúteos redondos y duros que elevan
su arrogante figura
con armadura o sin ella, como esta noche.
Me arrimo tanto a él que no puede pasar el aire
entre ambos. Y siento y compruebo que le place.
Se despierta y sonríe, me acaricia.
Me entrego a él como una bailarina de Terpsícore,
y él me acepta y me ama, me posee.

Será esta la penúltima imagen que guarde
antes de la batalla a las puertas de Troya,
antes de que el hado determine si caemos
o si volvemos victoriosos a la lejana patria.

El llanto inesperado

Había sido un día normal,
con sus idas y venidas de casa al trabajo,
al café, a la panadería del barrio,
habíamos comido frugalmente,
con vino, como siempre, sin postre,
que no nos gusta. El postre hay que tomarlo
a media tarde, después de reposar la comida,
con un café o una infusión,
con parsimonia. Son costumbres,
manías de solteros que no van a la moda.
Mateo y yo nos conocimos un día
en una manifestación de las que van cuatro.
La cosa empezó como suelen empezar
estas cosas del amor y las relaciones,
miradas. Insistencia, miradas, otra vez
hasta acercarnos y darnos un hola,
que una ola fue al estar cerca.
Mateo en la distancia corta es más guapo,
incluso está más bueno, su voz es sedosa,
tirando a grave, no de barítono, casi.
En menos de dos minutos lo tuve claro,
era el hombre que había estado buscando
desde la adolescencia, al fin llegó.
Yo no había cumplido los treinta,
él los pasaba en dos, edad perfecta.
Antes de un mes ya vivíamos juntos.

Primero en mi casa, a veces en la suya,
luego buscamos apartamento para los dos.
Han pasado unos quince años.
De todo: sexo, mucho; peleas, bastantes;
lo que viene a ser una relación estable,
estable si no volaban los platos,
estable después de recoger los cascos,
estable mientras follábamos, estable,
lo que se dice estable. También intensa.
Pero este día que refiero, extraño,
la comida hecha, el brindis, la siesta,
de repente me fijo y Mateo estaba llorando,
yo tenía los ojos anegados,
nos miramos incrédulos, no sabíamos
qué nos estaba pasando.
Perplejos, pasmados, llorando.
Como niños que perdían el tren
en el que iban viajando.
Tal vez por el miedo a la pérdida
no fuimos capaces de mencionarlo.
Y así seguimos, es todo tan extraño.

Cita

¿Dónde nos vemos?
He pasado esta tarde por el parque,
bajo los prunos una cama de pétalos
entre la hierba. ¿Quieres ahí?
Prefiero entre las nubes
que puedo sentir tu cuerpo despierto.
El mar está hoy tranquilo
y el agua clara, saben mejor los besos
entre las olas.
¿Y si se monta una tormenta?
La vendemos por las calles vacías,
de puerta en puerta.
También podemos acudir
a la sombra de la fortaleza,
los besos saben a siglos, tiernos, calmosos,
los dejamos retozar hasta el clareo
de la noche, cuando no es noche y no es día.
¿Qué tendrán los encuentros
de tu cuerpo y el mío?
Felinos en celo evitando estrellas,
abrazados como los troncos de la madreselva.
¿Dónde nos vemos?
En el eco de tu voz y la mía, besos
van y vienen, apretar tu espalda, vivirla y revivirla,
siempre mía, siempre mía.

Sueño

Puso su mano
sobre la agitación de mi pecho
y sentí el descanso.
Mi corazón recobró el ritmo
habitual, la música silenciosa,
tal era la templanza que de su palma abierta
llegaba a mis venas,
que restablecía la paz sin alharacas.
No era un gurú de letanías impostadas
ni maestro de secretos malabares,
respiraba calma y repartía bonanza,
como si el cielo y las tormentas fueran suyas.
Lo hacía con tanta naturalidad
que el calor de su aliento curaba el llanto.
Amarlo era la entrada a los Campos Elíseos,
más allá de la jugosa complacencia
de abrazar aquel cuerpo bello y generoso.
Amarlo era cruzar los mares
a lomos de hipocampos azules.
Amarlo era perderse en campos de posidonias
donde el dios del mar construye palacios.
Amarlo y volver a amarlo era saborear dos veces
el jugo denso de los melocotones maduros,
sentir el amargor de las hojas de la endibia
mientras corre por ellas el aceite del placer.

Poco después de devolverme la calma
y de amarnos largamente en cama de nenúfares
se fue de mi cuarto y de mi vida,
pero antes me enseñó a no llorar la pérdida,
sino a valorar la luz con que el ventanal abierto
inundaba la estancia, mi casa entera, mi esperanza.

El jardín y sus sombras

Paseaba por la frescura
que la sombra de álamos y acacias
propician en los serenos caminos
entre una plaza y otra.
Entre el Estanque y el Ángel Caído.
Es una zona de ligoteo marginal,
de almas solitarias y ociosas.
Bujarrones sin escrúpulos y desesperados
de la vida en declive, del aliento que se va.
Los intentos de conexión
no van más allá de miradas insinuantes.
A nadie le ponen la mano encima,
nadie exhibe sus atributos,
una búsqueda de sexo fugaz
que llevarse a la boca, o a donde cada cual
quiera llevárselo. A estas horas
fluctúan los intentos entre el logro
y el fracaso diario, despiadado.
Paseaba por la apacible sombra
cuando el hombre de gris me abordó.
Hola, esas primeras palabras de inicio,
¿estás solo? Pregunta retórica, supuse.
¿No lo ves? ¿Qué se te ofrece?
¿Me acompañas? Vivo cerca.

En efecto, vivía en Alfonso XII,
una de esas casas con cierre mirador
al parque, sobre las copas de los árboles.
Un ambiente añejo, decadente, oscuro.
No te lo vas a creer, pero solo quiero
invitarte a un té, un café, una cerveza,
lo que prefieras. No estoy en edad de pedir más,
ya pasaron los días para la gloria.
Es tanta mi soledad, tan pesada carga,
que necesito compartir un momento
y no es sencillo. No creas que traigo a cualquiera,
soy precavido, observo, miro y remiro
antes de dar el paso, tú me has transmitido
confianza. Le agradecí el halago.
Había tanta ternura entre las tazas
que sentí que el corazón se tambaleaba.
Compartí con el hombre de gris una taza de té
y antes de irme lo abracé con fuerza.
Sus ojos se inundaron de lágrimas,
se aferró a mí como las lapas a las rocas,
era un hombre pulcro, olía muy bien,
el cuello de su camisa estaba reluciente,
de limpio, no de uso y mugre, volví
a apretar mi abrazo y casi le crujo los huesos.
Temblaba como un adolescente
en su primera cita. Le agradecí el té, lo besé
muy despacio en la mejilla y lloró
como un niño, intenté consolarlo,

me devolvió el beso y su mano se posó
en mi entrepierna, se disculpó nervioso.
No te disculpes, desde hoy vendré a verte
siempre que tú quieras, ¿te parece bien?
Asintió con la cabeza, y ambos sentimos
cómo nacía una relación muy especial.
Demasiado especial, que continúa
incluso ahora que la enfermedad lo acosa.
No he visto en la vida una sonrisa más feliz.

La barca varada

Algún día fue azul y blanca
esta barquilla varada en la arena.
Una playa remota, como tu recuerdo,
como la herida cerrada después de los años.
Yo venía de una guerra,
una relación de ortigas y cardos,
y supiste manejar el despojo que era mi boca.
Poco a poco confié en tus caricias,
no estaba yo para distinguirlas,
ni las buenas ni las malas, necesitaba calor
y tú lo fingiste con maestría,
no entendí entonces, ni ahora ni nunca
cuál era el motivo para hacer tanto daño.
¿Qué ganabas con eso? ¿Qué ganaste?
Hacer leña del árbol caído no es lo más honroso,
cuando me alejé de ti mi cuerpo entero
no era más que una pila de astillas.
Mas los días pasan, lentos al principio,
más rápidos luego y van cicatrizando
las heridas abiertas que sembraste a destajo.
Hoy he conocido que andas postrado,
algo terminal, degenerativo, sin remedio,
y he sentido pena. Te evitaré la afrenta
de mirarme a la cara. ¿Qué ganaría?
Hoy eres tú la barca varada en la playa.

Dulces de miel en la mirada

Del negro azabache de aquellos ojos
brotaban destellos luminosos,
un cristalino limpio, transparente
como tarde de primavera
cuando el sol comienza a tenderse.
Y entre el bullicio multicolor
y festivo parecían fanales en la noche.
Me buscaron tres veces o los busqué,
no era difícil dar con ellos, brillaban tanto.
Labios carnosos y piel blanca nacarada,
porte de titán antes de entrar en batalla.
Caminábamos en sentido contrario,
ambos buscando el paraíso
o el jardín dorado donde fue la luz.
O el dulce y ardiente encuentro a solas.
Llevaba una estrella guía sobre la cabeza
cuando lo vi alejarse por poniente.
He vuelto cien veces, doscientas, mil,
mas su estrella debió llevarlo al edén
de donde salió aquel día para herir mi alma
o para compartir su brillo conmigo.

Caramelo de menta

Llevaba carraspeando media mañana,
con algún escalofrío que me recorría el cuerpo.
Deberías irte a casa, me dijo Jaime,
yo solo puedo darte un caramelo de menta.
No era verdad, podía darme más cosas
y los dos lo sabíamos.
Hacía tiempo que entre nosotros
bailaban las notas de una música barroca,
aunque ninguno lo reconociera,
como el vigía que mira a levante
cuando el viento sopla de poniente.
A sabiendas, los dos, a sabiendas
y cuando al cruzarnos había un roce no buscado
ambos sentíamos el calambrazo
que pone de punta todo lo erizable,
lo decían las sonrisas reprimidas.
El guiño disimulado, imperceptible.
Que entre nosotros había algo
lo sabían hasta los agentes de bolsa,
lo terrible es que no lo había,
nada más allá del deseo oculto
aunque ambos lo supiéramos, que lo sabíamos.
Era como esperar que se rompa la piñata
y salten todo tipo de golosinas por los aires.

Recuerdo que había veces que me sudaban las manos,
que mi ritmo cardiaco se aceleraba
de manera preocupante. ¿Te pasa algo? Me preguntaba
y yo negaba diciendo sí, afirmaba diciendo no.
Si quieres te acompaño a casa, espérame.
Lo esperé, me acompañó, y en casa sigue,
cegados los dos por lo que vino desde el principio,
un taller de pirotecnia explotando
no hubiera soltado tantas luces de colores
en la cavidad negra de la soledad. Hasta entonces.

Brindar por los suspiros

Alzamos al cielo nuestras copas
aun a riesgo de que se llenaran de estrellas
y brindamos sin saber muy bien por qué.
La noche se había vestido de raso,
salvo alguna nube solitaria en lontananza,
lo demás eran azules y negros cuajados
de constelaciones. La calma concupiscente
que se pega a la piel y a las tripas
y florece en profusos ramos de deseos carnales.
Olía tu cuerpo a jazmín, quizás por la cercanía
del arbusto que competía con el cielo
en mostrar sus flores blancas, frías uno,
olorosas el otro. Guerra silenciosa por mostrar
cuál de los dos empujaba nuestros cuerpos
al choque sensual y sexual hasta rompernos.
No preguntamos quién ni cómo ni dónde,
nos dejamos envolver por besos húmedos,
por manos ansiosas exploradoras de la carne,
por bocas ansiosas, pertinaces, persistentes.
Besar y lamer de pies a cabeza, para empezar
de nuevo. Para prolongar los suspiros
y brindar por ellos, entre las estrellas y el jazmín.

Costumbres en la cama

A los dos nos gustaba la cucharita,
noches hubo que alternamos
el ponerse delante o detrás.
Había mucha ternura, era el comienzo,
reconozco que disfrutaba
más que un marrano en un charco.
Tú también, es verdad, pero hablo de mí.
No sé por qué visualizaba casi cada noche
la imagen de *Querelle* en el puerto,
entre las sombras, nunca entendí la fantasía,
por aquellos tiempos mi reino era la luz
y sin embargo se me hacía presente *Querelle*,
su desbordante erotismo, su vena asesina.
Debería consultar con algún loquero
si tuviera tiempo, si me importara a estas alturas.
Porque después de las mil y una cucharitas,
de las variantes para follar entre dos hombres,
de la ternura de aquellos años, que fueron años,
nunca más volví a soñar con el marino asesino.
Ahora sueño más con playas de finas arenas,
con despedir al sol cada tarde tumbado desnudo
esperando la llegada de cualquier amante ocasional.
En salir a cenar, tomar unas copas, prolongar la velada;
pero no me dejan salir del módulo, recluido
como un peligroso asesino, como un vulgar

destripador de amantes confiados, y yo no maté a nadie, yo no maté a nadie, a Fernando tampoco. Lo quería con toda mi alma, ¿cómo iba a matarlo?

Coplas, aires del sur

Miro los barcos partir,
sé que mi amor va en alguno
y yo no me puedo ir.

Desde la azotea contemplo
cómo llegan las estrellas
a vestir todo mi cielo.

Despacio pasan las horas
arrastrando mi agonía,
y mi corazón herido llora.

Es mi amante marinero,
cruzando los mares va,
yo lo seduje primero.

Marinero del Oriente
deja en mi boca tu beso
que me enloquezca a poniente.

Pasear por el espigón,
en eso echo las tardes,
deseando a los marinos curtidos por el sol.

Vestido de blanco voy,
día sí, día también,
muestro a todos lo que soy.

Transexual cantó *Tatuaje*
para mí solo una noche,
vi en sus ojos el coraje.

Despertar del duermevela
de las noches más canallas,
fui amante de su sombra, a su vera.

Adriano

Llegó al centro del mundo desde la Bética.
Llegó a gobernar el más poderoso imperio.
De nombre Adriano.
De condición homosexual.
Seguro que hubiera cantado por Juanita Reina
de haberla conocido,
pero él nació un poco antes.
Dicen los papeles que aseguró las fronteras,
que renunció a la expansión
y que en su madurez se enamoró de Antínoo.
Introdujo la moda hípster en el imperio,
la afición a la barba le venía de Grecia.
Pero conoció al muchacho y cayó rendido.
Adriano lo adoptó, la pederastia no era delito.
Hasta su muerte, ahogado en el Nilo, acompañó
a su mentor *imperator* a sol y sombra,
siempre juntos, siempre amantes, parece ser
que a los hados no les hizo gracia,
y sabido era que el emperador, que viajaba
más que el baúl de la Piquer, tenía los días contados.
A Antínoo, aficionado a la astrología, le avisaron los augures
que si él se inmolaba su protector alargaba la vida.
Ciego de amor, el joven se tiró al río para morir.
Y murió, no cabe duda. Adriano con el corazón roto
lo elevó a los altares, paseó su retrato en mármol por el imperio,

le construyó un templo, sembró el Mediterráneo
con su tallada belleza. Debió llorar lo indecible.
Dicen que en las ruinas romanas de los países ribereños
si se mira con detenimiento se pueden ver las lágrimas.

¡Cómo te gustan las leyendas!
Esta me la contó Kavafis una tarde en Alejandría.
Ni has estado en Kavafis ni conoces Alejandría.
¿O era al revés? Tan cierto como las lágrimas de Adriano.

Lirios bajo el almecino

En el pequeño huerto de Ángeles
había un almez frondoso
y entre su tronco y el cantón inclinado
crecían lirios morados.
Bosque de caracoles y misterios.
Eran las tardes rebanadas de pan candeal,
luz tamizada y cálida, eterno espacio.
Anuncio de cosas venideras, de lejos,
de las estrellas o más lejos, del fondo del cielo.
De donde el azul comenzaba a desvanecerse
para hacerse hoja de lirio, flor de lila.
Ignacio llegó aquella tarde, me miró raro,
no supe cómo ni por qué, fue un relámpago
y sin darnos cuenta nuestras bocas se juntaron.
Saber no sabíamos, mas nos tocamos,
descubrimos un cosquilleo desde abajo
que se enroscaba en el estómago para dar gusto.
Hasta sentir como un trueno de tormenta
pero por dentro, los dos quedamos satisfechos
y repetimos hasta llegar la noche, y otras noches,
habíamos descubierto el goce de los cuerpos.

Sudor en el gimnasio

Su culito es la manzana de Newton
antes del impacto.
O la de Blancanieves antes del bocado.
Visto en las duchas del *gym*
es un melocotón maduro de Calanda.
Fuera del lavado regenerador
lo cubre con mallas multicolores de licra,
por si alguien en la calle no había reparado
en un culo tan bien formado, tan deseable.
Una exhibición descarada,
sobre todo para el que presume de macho.
Él sabe en el fondo
que no son las mujeres las más consumidoras
de tan apetecible fruto,
que quienes lo miran, incluso con descaro,
son maricas con ganas de rompérselo,
que disimulan tanto como él
pero que en ese juego echan la mañana
o la tarde.
Todos soñando con poseer la redondez carnal,
por mucho que se declaren machos,
por mucho que al mirar disimulen,
por mucho que al pasear remarque un contoneo
claramente provocador.
Procura además que la camisola no cubra
más que lo justo,

no solo sus glúteos lucirán poderosos,
también la dotación de su paquete.
Que todos sepan que tiene para todos.
Aunque juegue al equívoco, se delata,
le gusta ser fruta codiciada
enfundado en sus mallas de licra.
Las musculocas son así, expuestas en la vitrina.

Despierta que viene el día

Levantarse cuando la noche
ha sido un amasijo de alcohol, sustancias
que no sé si estimulan o deprimen
y sexo acelerado, de mala calidad.
Levantarse no es fácil.
Me digo muchas veces que debo cambiar.
Que ya pasaron los años de desenfreno,
sobre todo porque el desenfreno a esta edad
es más un intento patético por mantener en alto
lo que tampoco fue para tanto.
Andar contando conquistas de pirata
cuando tu velero casi no salió a alta mar
es triste, muy triste. Tan solo una vez
tuvimos amores el marino y yo;
miento, no fueron amores, fue intensidad
en cómo follamos. Siempre volvía la soledad
después de aquellos encuentros ¿fortuitos?
Si lo sé, no abro este puto diario.
Mi cabeza es la estampa de un desguace,
hierros retorcidos, oxidados, ideas lo mismo,
nada está en su sitio, no hay aire ni pájaros,
ni una buena ducha limpiará esta capa pringosa
de confusión y asco, esta desidia que ni el café
es capaz de combatir y mandar al olvido.

Confuso

Como un cajón de peras
en la calle
que el ambulante dejó al salir corriendo.
Como un alma sin paraguas
que la monja dejó en el torno
de la portería. Monja tornera,
menuda gendarme.
Cuando llueven navajas
y bajo los balcones no escampa,
como aquella mañana que oí la mirada,
tu mirada,
llamando a mi puerta.
Y sentí que su grito se anudaba hasta el ahogo
a mi garganta.
Cómo quieres que sepa explicarlo
si te sueño y te huelo
aunque te hayas ido a otra galaxia,
se llame Levante, Mallorca o Granada.
Siento tu sudor,
tu saliva tibia
y la fuerza de tu boca entreabierta
por donde colaba la lengua;
y ambas, la tuya y la mía, jugaban
despiertas, ansiosas, hambrientas.
Te sigo buscando, te llamo
en la noche pero no contestas.

El grito

Cuanto más sorda es la noche
más prolongado el grito,
un Tarzán despertando la jungla,
un león marcando la sabana.
Y como noche callada
esperas el asalto de la fiera
que escondida en las sombras
acecha.
De ese bar sale alguien.
Alma solitaria como la tuya
que busca lo mismo en la madrugada.
Os miráis de frente, se enciende la mecha.
Se acortan los pasos,
pegas media vuelta o la pega él.
La mirada deja de ser discreta,
hay una exploración completa,
de pies a cabeza.
La sonrisa, la primera ganzúa
para abrir la puerta.
Con la puerta abierta la noche se abre,
sorda o tartamuda, y se queda abierta.
Lo demás ya se sabe, besos,
magreos, sorpresa o destreza,
confianza.

Dejar que se desboquen los caballos,
que brote la espuma, olorosa, espesa.
Y eso que la noche era sorda,
sabía que el grito saldría a montar la fiesta.

Bajo el sopor de la mañana

Nada tan agradable como la brisa
fresca de las primeras horas del día,
cuando entra por el balcón abierto
y parece querer acomodarse entre las sábanas
arrugadas tras la noche larga
de sueño o sexo o de ambos.
Nada tan agradable como el olor
de tu cuerpo desnudo tras el sueño
o el sexo o ambos, un desnudo de Freud
de carnes ya maduras en la cama.
Te observo hundido en el sopor,
tus muslos confiados en reposo,
el sudor incipiente de la mañana que avanza,
la respiración inaudible tras los ronquidos.
Te miro desde lo alto de mi impaciencia
y saltaría sobre tu cuerpo dormido
para poseerlo por entero, contengo la invasión,
el deseo turbio que me enajena,
y me vuelvo hacia la taza de café caliente
con la esperanza de que el café borre
de mi cabeza esa imagen que me perturba.
Nada tan agradable como tu cuerpo desnudo
en el amplio lecho que compartimos.

Descalzo por las estrellas

Aprendí desde la infancia las heridas
que infligieron con odio otras bocas,
pero aquellas ofensas insidiosas
me empujaron a caminar por las estrellas.
Difícil rumbo con solitario empeño
descubrir constelaciones, subir al cielo
para huir de las calles con veneno.
Y en ese vagar por los espacios siderales
encontré su fulgor, su presencia imponente,
sus ojos me clavaron como insecto
en el tablero entomológico y reuniente.
Él era un astronauta del abrazo y en sus brazos
hallé la complacencia, lo que nunca antes tuve.
La caricia, el beso, el aliento necesarios
para descansar confiado en los halagos.
Para dormir en la dulce madriguera
que entre los dos creamos suavemente.
Era un nido de amor, de pasión y fuego
que duró entre unas cosas y otras el vuelo
de un azor en busca de sustento.
No sé cuándo ni por qué partió ligero
el que era mi sustento, mi mejor amante,
mas partió en busca de otros mares
y me dejó caminando por las estrellas.

Algún día habré de bajar del pasmo
y buscar mi lugar en la calle, sin recompensas.
Cambiaré los astros por la arena
que las olas modifican a mi paso, a su cadencia.

Cuando el sabor inunda el espacio

Dormitábamos como gacelas
en la siesta calurosa de la sabana.
Desnudos, confiados, laxos
músculos y aliento.
Sin preocuparnos de las horas,
como abejas que liban en las flores
sin conciencia y horarios.
En esos instantes de relajo
el cuerpo va a su rumbo, respira,
se mueve por instinto, se endereza,
lo que pasó esa tarde como otras.
Abrí los ojos y vi tu pulsión fálica,
no pude sustraerme a la belleza.
Y luego, ya se sabe,
calor, sudor, deseo despiertos
hasta inundar de sabor
bocas sedientas, la tuya y la mía,
el espacio que nos circundaba,
la tarde que a morir se resistía
para prolongar el abrazo perezoso.

¡Palomas en lo alto

Desde el patio en sombra,
desde la terraza a los vientos
me maravillan las palomas.
Inquietas, hambrientas, comilonas,
a primera hora o al caer la tarde
van y vienen de su palomar
a los chopos de la ladera,
a las torres solitarias que a veces suenan.
Llevan algunas las alas teñidas,
por evitar cambios no deseados.
En todos los palomares hay ladrones.
Palomas blancas, zuritas, buchonas,
tienen de unos años hasta aquí
la competencia de las palomas turcas,
tórtolas que han ido ocupando un espacio
que hasta ayer no era suyo.
Cuatro locas descaradas me han robado
mi paseo, el paseo donde solía
ligar con los hombres. Descaradas y locas.
Ya no queda clase en el coqueteo formal,
aquellos tiempos cuando los casados
me miraban con disimulo, me guiñaban,
me citaban mientras sus mujeres
atendían a los niños, sus caprichos.
Todo el mundo lo sabía, todos lo callaban,
hasta que estas palomas turcas
se adueñaron de mis aceras y ya no es lo mismo.

Cuando voy solo y te escucho

Se hace el aire denso como humo
de pino verde al arder.
Y camino sin rumbo.
Cegado por la espesa humareda
no sé si subo o si bajo,
si he perdido la vereda
o si me mantengo en ella.
Es el aire, ya lo dije, denso,
cubre el cielo lechoso y borra al sol.
Lo que se mueve por mi pecho
es una culebrilla de soledad y pérdida.
Hay veces que quiere escapar por la boca,
pero como sanguijuela avara
deja el cofre vacío de todos mis tesoros.
Mi sangre se diluye en un mar sin riberas.
Y en esa horrísona tormenta
escucho tu voz llamándome. No puedo verte.
Te escucho llorar por mis besos,
como lloré yo por los tuyos.
Y el aire cambiante juega con tu voz,
la cambia de sitio para hacerme daño.
La reverbera en las paredes de cartón
para agrandar el engaño. La distorsiona.
Pero es tu voz. La misma voz que me arrulló
tantas veces cuando nos conocimos,
la que dijo mil veces *te quiero* para vencerme.

Desesperado la busco con todos los sentidos
mientras Orfeo la estremece con su lira,
mientras juega con mi desesperación
en esa ausencia tuya prolongada, eterna.
¡Oh, Eolo poderoso! Sopla este aire denso
y abre el día, que pueda escuchar su voz
y verlo mientras me llama con la fuerza
del Polifemo cuando llamaba a su Galatea.
Dejadme abrazar su cuerpo que un día fue mío.

Carrera sin llegada

Estiré mis manos hasta agarrar tu cintura,
te acerqué a mí con violencia,
por fin eras mío.
Por fin nuestros cuerpos se apretaban
como las tizas en un paquete.
No recordaba unas carnes tan firmes,
un olor tan intenso a rosas de mayo.
Podía sentir tus pezones clavados
en mi pecho enamorado, ardiente,
deseoso de romperse en pedazos
contra el tuyo.
Por un momento fuimos juncos
trenzados, esparto hecho pleita
para cosida hacer esteras eternas,
murmullo de frescor en las baldosas.
Los besos, los bocados, los sobeteos,
la ropa rasgada por la furia,
la desnudez al fin buscada y encontrada,
nuestros sexos en ciega pelea
por traspasarnos el uno al otro.
El sudor corriendo como tromba de verano
entrando y saliendo de nuestros cuerpos.
Era tanta la pasión, tanto el deseo, que dolía.
Adoré tu carne, tus muslos, tus glúteos,
tus labios, tu cuello, tu espalda, tus jadeos.

Recordé que te había dicho un día antes
que si hacía falta iba a morir por poseerte
y te juro que estaba muriendo en tus brazos.

Destierro

En aquel reino cruel y frío,
yo no tenía cabida.
Decidí por ello marchar al destierro.
Olvidar las calles inhóspitas,
los abrigos raídos, los panes faltos,
la suciedad en arroyos de mugre.
No era lugar para ser diferente,
mariquita, decían, los camastrones,
los que nunca fueron capaces
de mirar de frente y reconocerlo,
solo los tocados por la fortuna
los distinguíamos, los conocíamos,
a veces nos insinuamos, los veíamos
retorcerse de ira, de deseo reprimido.
Dije adiós. El mundo es ancho
y marché al exilio buscado,
no es tan diferente la vida en otro sitio,
pero los agravios duelen menos
que cuando te los escupen en tu casa.
He vuelto después de muchos años,
me gusta ver a los muchachos
pasear de la mano o abrazados,
besarse por la calle, sentirse libres,
si supieran el cosquilleo que me transmiten...

La sombra del árbol

Me llamo Juan.
Tengo cuarenta años y un doctorado.
Me gusta la playa, los ambientes nocturnos,
los paseos a la luz de la luna,
si es con amante mejor.
Soy homosexual, para quien no lo sepa.
He tenido parejas estables
mientras duraron.
Los encuentros ocasionales tienen picante
y a mí me gusta la pimienta negra,
la cayena y el wasabi.
Para combatir el fuego en la boca
que estos excipientes provocan
está la leche, de cualquier tipo,
unas veces apetece y otras da náuseas.
La intención de esta carta sin dirección
es hablar de mi madre.
Mi madre siempre fue el árbol
cuya sombra me ha protegido
desde que me alcanza el recuerdo,
no digo uso de razón porque nunca lo tuve.
Se partió la cara, mi madre, cuando en el colegio
me llamaban mariquita y cosas por el estilo.
Se la volvió a partir en mi adolescencia,
guerrera incansable, repartía hostias como panes.
Mi padre lo llevaba con resignación,

no daba para mucho más, mujer dominanta
y un hijo maricón, bueno, el hombre hacía
lo que podía. Pero sin amargura, él decía:
por lo menos me ha salido listo.
Para su formación tradicional católica
era mucho. Le brillaba la mirada
cada vez que tenía algún logro, algún progreso.
Murió joven, una pena, y hasta eso asumió
con resignación cristiana, porque le dijeron:
tres meses le quedan; nada de sutilezas.
Mi madre sin embargo creció en su fronda
y en la firme defensa de su niño.
Su niño soy yo.
Es como tener al lado un *rottweiler* cabreado.
Que ella no vea que me tosen, que ataca.
Lleva mal que viva solo, aunque lo entiende,
que cambie de pareja con frecuencia,
que no asiente la cabeza,
que cada dos por tres ande de fiesta.
Algunos novios se asustan cuando ven a la fiera,
otros le cogen cariño, congenian y hay que echarlos
a empujones de la casa y ni por esas.
Mi madre es una mujer dulce, dentro de la dulzura
que puede tener la mujer, yo siempre las vi
como madres, hermanas, abuelas, tías, vecinas,
nunca como seres dulces; me gustaron los hombres
desde bien pequeño, mayores que yo, pero no viejos,
no es tan complicado entenderlo.

Hoy he quedado con ella, con mi madre,
si algo le molesta es que la haga esperar,
cuando eso pasa se desatan los truenos
y aplacarla supone regalarle un pañuelo de seda,
a ser posible de unos que pinta una amiga mía.
Le gustan los pañuelos pintados de Mercedes.
Aunque los olvide pronto en cajones y anaqueles.

Por amor

Hace muchos, muchos años
había un reino próspero y lejano,
lejano de todo, autárquico,
ensimismado.
Un bello príncipe heredero
preparando formación a conciencia.
Para cualquier joven de buena familia
la máxima aspiración
era convertirse en el senescal
de tan apuesto heredero.
Diestro en el manejo de las armas,
pero también en la oratoria,
las artes, la filosofía, la bonhomía,
puesto que su cargo sería vitalicio,
con entrega incondicional al monarca,
a medio camino entre maestro y siervo.
Las pruebas eran duras,
la última sobremanera, el jefe de la guardia,
cruel, salvaje, despiadado,
tenía por costumbre desvirgar a los aspirantes,
el puesto bien merecía el sacrificio.
Hildeberto aspiraba a ser la compañía
de por vida del aspirante a rey,
sentía por él algo más que admiración
desde que en la adolescencia se vieron

en los campos de Marte en una exhibición
de la guardia real, la terrible guardia pretoriana.
Hildeberto y el príncipe cruzaron las miradas
y algo más que un brote de narcisos nació
entre ambos. Había llegado el momento
de echar a rodar el deseo oculto.
El joven pasó la prueba, ni una queja,
gesto firme, se tragó las lágrimas, enjugó el dolor,
mas fue nombrado con honores senescal.
Juntos se les vio hasta bien entrada la vejez,
hasta la muerte, juntos fueron enterrados
en aquella explanada donde cruzaron armas,
donde se unieron de por vida sus almas.

¿Por qué la luna?

Cayó en mis manos
Árabe en endecasílabos
de Emilio García Gómez.
Y aprendí a degustar los versos
de la poesía arabigoandaluza.
Los poemas báquicos, eróticos,
amorosos en general.
Al-Ándalus era entonces conocimiento.
Aprendí que la luna es masculino
y por eso se llamaba así a los muchachos.
A los coperos, camareros,
mancebos, efebos, gallardos,
jóvenes de cuerpo airoso como juncos.
De sonrisa blanca, azahares, aljófares,
nácar resplandeciente.
De mejillas rosadas, desbordantes de salud,
de mirada cautiva del misterio,
de cintura estrecha, delfín escurridizo,
eran ellos los que enloquecían a los hombres
además de a las muchachas.
Porque el vino llenaba las copas
y humedecía las bocas
de los hombres maduros,
les espantaba la vergüenza
pese a la ortodoxia religiosa.

Aquellos muchachos jugaban
a despertar el deseo, a ocultarse en la noche
para aparecer o desaparecer en el claroscuro.
Recordar aquellos poemas,
aquellos versos,
me llevó a pensar en que este manojo mío
de flores versificadas debía llamarse
como aquellos mozos bellos, seductores,
mientras paseaban por el adarve
de la ciudad amurallada,
por los jardines secretos,
por la inexpugnable fortaleza que el amor encierra.
Y en su honor escribí la luz del deseo.
El que traspasa los cuerpos, pese a los siglos.
De ahí la luna en el adarve.
Porque a mí también me traspasó el amor udrí
y corrí tras ellos en el fuego de la noche.
Como el cazador tras la corza
a sabiendas de que huirá gozosa.

Índice

Este libro se terminó de editar en Granada
en octubre de 2024 por

Aliarediciones

www.aliarediciones.es
info@aliarediciones.es